快乐作文

我来命题你来写

关 平 **主编**

河北出版传媒集团　河北少年儿童出版社

图书在版编目（CIP）数据

我来命题你来写 / 关平主编. — 石家庄：河北少
年儿童出版社，2023.11
（快乐作文）
ISBN 978-7-5595-6078-0

Ⅰ．①我… Ⅱ．①关… Ⅲ．①作文课－小学－教学参
考资料 Ⅳ．①G624.243

中国国家版本馆CIP数据核字(2023)第202100号

快乐作文

我来命题你来写
WO LAI MINGTI NI LAI XIE

关 平 主编

选题策划	韩冰雪　段建军	**责任编辑**	李　平　张文越	
	孙卓然　赵玲玲	**特约编辑**	范　恒　王瑞芳	
美术编辑	穆　杰	**装帧设计**	杨　元	

出　　版　河北出版传媒集团　河北少年儿童出版社
　　　　　　（石家庄市桥西区普惠路6号　邮政编码：050020）
发　　行　全国新华书店
印　　刷　鸿博睿特（天津）印刷科技有限公司
开　　本　720 mm × 960 mm　1/16
印　　张　10
版　　次　2023年11月第1版
印　　次　2023年11月第1次印刷
书　　号　ISBN 978-7-5595-6078-0
定　　价　30.00元

目　录

1 长大以后做什么

对于这个话题，很多孩子的回答可能是这样的：想当科学家，想成为音乐家、画家、舞蹈家、运动员，想做一名医生，想当一名警察……长大以后做什么，这是一个开放性的话题，视角很宽。除了想从事某种职业之外，同学们心里还可以有很多关于长大以后特有的期盼。请把你的想法用文字表达出来，像对待一棵小树一样，把它种上，期待它茁壮成长吧！

开家书店

浙江省杭州市学军小学紫金港校区　姚灵玥

　　我从小就是"小书虫"，一天也离不开书，长大后我想开一家书店——就叫"神奇书屋"！

　　我的"神奇书屋"一定要既独特又漂亮，到处都充满文化的气息。推开一扇古色古香的木门，走上一级级旋转楼梯，你便会来到书店大厅。大厅里有大大的吊灯，可以照亮书店的角角落落。吊灯还会投射出无数个小光斑，它们就是书店里特殊的指南针。只要你进入大厅，就会有个可爱的小光斑带着你前行，根据你的年龄、身份为你推荐最合适的书籍。高至天花板的书架上面摆满大大小小、五

颜六色的图书，你只需低声细语，可爱的机械手臂就会帮你取下你想要的书。

长大后我想开家书店，还因为我想让更多的人爱上阅读。我的"神奇书屋"里一定要有许多整洁漂亮的小书桌。每天我会在书桌上插一朵美丽的鲜花，迎接客人们的到来。客人们走进书店找一本有趣的书，坐在喜欢的座位上静静阅读。温暖的阳光会透过窗户，温和地洒在书桌上。耳畔除了动听的古典音乐，就是沙沙的翻书声，每个人都沉浸在书中，有时还会露出会心的微笑。很多人因为来到"神奇书屋"而爱上阅读，许许多多的书会被人们带回家……

我长大后开家书店，就这么定了！

（指导教师：毛颖斐）

长大我要当医生

山东省淄博市管仲小学　赵彦焜

　　每个人都有梦想，而我的梦想是成为一名医生。这并不是我心血来潮的誓言，而是一段触动心弦的经历为我种下的理想之种。

　　小时候，我特别怕医生，看到身穿白大褂的人就紧张，可是二年级时的一次意外事故让我改变了对医生的偏见。

　　那天，我因为跑得过猛，左额头撞到瓷砖棱角上，顿时皮开肉绽，鲜红的血顺着眼角淌下来。看到血，更加剧了我的恐惧心理，一路上我撕心裂肺地哭号，妈妈怎么劝也没用。急诊处的医生一边仔细地清理我的伤口，一边亲切地跟我聊天儿，夸我勇敢得像个小男子汉。慢慢地，我安静下来，任凭医生一针一针地缝合伤口。后来，额头上的伤口渐渐愈合，不仔细看的话发现不了疤痕，妈妈开心得直夸医生的缝合技术高，让我不禁对医生心生敬意。再后来，每次看到医生抢救病危患者或因车祸、工伤而鲜血淋淋的伤员时的电视画面，我就会想起自己受伤的那次经历，"长大我要当医生"的愿望在心中慢慢萌生。

　　妈妈说，当医生不是随便说说就行的，一名杰出的医生必须具有渊博的知识和健康的身体。"九层之台，起于累土"，所以，从今以后我除了要加强身体锻炼，拥有健康的体魄外，更要刻苦学习，博闻强记，不断充实自己的知识，将来成为一名医德高尚、医术高超的好医生！

（指导教师：边爱萍）

长大以后想成为画家

河北省保定市冀英第一小学　孙赫阳

　　三岁那年冬天，我堆了一个小雪人。我在雪人手中放了一支水彩笔，想象着雪人用它绘出七彩世界。天真的我并不知道雪会融化，等我再来寻找它时，只有一根水彩笔孤零零地躺在地上……

　　去年夏天，我参加了保定市七彩童星绘画比赛，得了第一名，画的是漫画版的《神笔马良》。画面上一个男孩儿用画笔描绘出了美丽的城市和可爱的动物，我想用这幅画告诉人们：人类与动物和谐相处，我们才能真正拥有美丽的家园。我要感谢当初那个天真的我与雪人，还有那支鼓励我继续画画的水彩笔。

　　暑假我和爸爸妈妈去新疆旅游，其中五彩斑斓、神奇无比的五彩滩最让人难忘。五彩滩有红色、黄色、白色、紫色、棕色五种颜色，非常美丽。五彩滩下河水弯曲流过，像一位魔法仙子。夕阳西下，仙子施了魔法，她让时间凝固，让彩石发出阵阵光芒。这时，月牙儿慢慢升起，银色的光芒与彩霞交相辉映，令五彩滩笼罩上一层神秘面纱。眼前的美景令人惊叹，有颗种子在我心中生根发芽：长大后，我要成为一名画家，用手中的画笔描绘这多彩的世界。

　　如今三年级的我，放学一回家便钻进房间画画，沉浸在色彩的世界。我要把身边的美景、头脑里的所有想象，都用画笔画出来。有梦想就要去努力，直到长大后的我成为一名真正的画家。

（指导教师：刘　超）

2 我（不）想长大

　　每个人都是在童年的记忆里慢慢长大，有的人渴望快快长大，有的人希望永远生活在童年的快乐时光里，不想长大。你想长大还是不想长大呢？理由分别是什么？来和大家交流一下吧。

我不想长大

广西壮族自治区北流市永丰小学　何紫琪

我不想长大，我总是纳闷儿：人为什么要长大呢？我想永远停留在童年的时光里。

还记得那次我们去排练舞蹈时是站成一队一队的，然后迈开大步向前走。你可能不知道，当时我们心里七上八下的。在排练时，我们在台上饱含激情地排练，发挥得非常好。在表演当天，我们全部人员在台上再次尽情演出。俗话说得好，"台上一分钟，台下十年功"，这句话用在我们身上再合适不过了。最后我们得到了台下观众热烈的掌声，我们高兴得热泪盈眶。

还记得那次去野炊时，大家拎着餐具、食品来到了田间，教官带领我们做游戏，做美食。游戏可好玩儿了，美食美味极了。我们大家在欢声笑语中度过了美好的一天。最后在返程时，教官还发给我们每人一个面包，我们别提有多高兴了。

还记得有次体育课，排好队后老师很快就让我们解散自由活动。你猜同学们都会去做什么呢？聊天儿？看书？散步？哦，不不不，同学们聚在一起比赛跳绳，一些同学在一分钟内跳了190个甚至200个呢，可厉害了。女生们玩得不亦乐乎，男生们也在相互喊加油，好像力气永远使不完一样。

这些童年的生活多么有趣，友情多么珍贵，我就想和我亲爱的伙伴们一直快乐地在一起。我不想长大！因为长大了，就要和这美好的时光说再见了！所以，我不想长大！

（指导教师：梁杏芳）

学生佳作

我想长大

河北省唐山市团结路小学　唐浚哲

最近有一个问题总是困扰着我，是长大了好还是不长大好呢？长大了不需要别人照顾，可以想干吗就干吗；不长大就像现在这样无忧无虑的也挺好。想着想着我就睡着了。

在梦里，我和动画片里的马丁一样，拥有了百变的早晨。我先是变成了一名救死扶伤的医生，每天给病人看病、做手术，有时候还在急诊室里忙着抢救病人，非常疲惫却觉得很神圣；然后我又变成了一位建筑工人，在工地上将建筑材料扛来扛去，建造着高楼大厦，我浑身泥土、铁锈和汗水，默默地为城市建设贡献力量；接下来我又变成了一位农民，在农场种植各种蔬菜，给它们浇水、施肥，收获之后运送到城市的菜市场和超市里；转眼我又变成了一名摄影师，带着镜头满世界跑，去挪威拍北极光，去非洲大草原拍狮子，去海边礁石上拍日出，将最美的景色拍给世人看。

我将我做的梦告诉了妈妈，妈妈说这不光是梦，还有可能成为现实。我认真思考了一下，我还是很想长大的，因为长大之后我可以做自己喜欢做的事情，可以照顾父母，可以为国家出一份力。虽然长大后会很辛苦，但是辛苦也是多彩人生的一部分。

我知道我迟早会长大，所以我要积极面对它，练就一身本领等待它，带着对未来的憧憬奔向它。我想长大，慢慢地长大！

（指导教师：李昌红）

我想长大

学生佳作

河南省新乡市劳动街小学   刘博炎

　　我就像笼中的鸟，虽是父母的宝贝，却不能自由飞翔。我心中时常闪现一个念头："我好想长大！"

　　国庆节前一天，姐姐说要带我去玩，我听了之后脚下仿佛踩着一朵幸福的云，我和妈妈商量了一会儿，妈妈告诉我："万一遇到坏人怎么办？不准去。"我听得十分郁闷，那朵幸福的云，突然消失了。

　　第二天姐姐来我家接我，我窃喜妈妈正好不在家，谁知，我们刚出大门妈妈就买菜回来了，见我要出门便大声训斥道："一个小孩儿领一个小孩儿出去多危险。"姐姐扫兴地走了，我更是灰溜溜地回了家，闷闷不乐地看电视。中午时妈妈让我出去买醋，在路上我看见许多游玩归来的大学生，他们个个喜笑颜开，我心里羡慕极了，心想："我要是能快些长大该多好！"

我多么希望能像大人一样努力工作，独立生活，认真教导自己的孩子，想到这些，心中就会很激动。我知道长大以后会遇到各种挫折，会有各种压力，可这也是人成长过程必须经历的。只有经历磨炼，经历挫折，才会实现人生价值。

童年虽然美好，但我更向往长大后的生活。我想长大，快快长大。

3 我心中的五星红旗

每当鲜艳的五星红旗缓缓升起，你心里会有怎样的感受呢？五星红旗是伟大祖国的象征，每个人心中都有一份对国旗独有的情感。你心中的五星红旗是什么样子的？看到五星红旗你会想到些什么呢？

我心中的五星红旗

云南省保山市隆阳区板桥中心小学　俞天赐

　　五星红旗，这是我们伟大祖国的标志！我不知道在他人心中，五星红旗是什么样子的，但在我心中，五星红旗是高贵的、神圣的，是不可侵犯的！

　　每个星期一的早上，是我最激动的时刻。因为在这一天，我们要举行庄严的升旗仪式。五星红旗缓缓升起，正如我们的国家日益强大，在阳光下它散发着耀眼的光芒，像极了一位伟大的母亲把自己的爱无私地给了自己的孩子。

　　无数人为新中国的成立献出了自己宝贵的生命，在 1949 年 10 月 1 日，中华人民共和国成立了！那面被鲜血染红的五星红旗伴着《义勇军进行曲》缓缓升起来了！

　　每当人们看到五星红旗，就会想起它背后的那段苦难历程，所以会更加热爱我们的祖国，更加珍惜今天来之不易的美好生活。我们小学生从小就要养成一个好的习惯——爱护五星红旗，同时我们也要佩戴好红领巾，因为红领巾是五星红旗的一角。平时，我们要认真佩戴红领巾，将对五星红旗的这份爱体现在行动上，将对五星红旗的尊重牢牢刻在心里！

（指导教师：马云飞）

我心中的五星红旗

云南省楚雄高新技术开发区实验小学　白滢菲

　　我一直觉得自己是个幸福的孩子，因为我们生活在五星红旗迎风飘扬的中国，我们生长在一个美好的时代。

　　有一段时间，爸爸妈妈都曾常驻乡村扶贫攻坚。他们长年累月不在家，我心里也会抱怨。但当我去过他们驻村的地方，看到高山深谷中飘扬的五星红旗，看到那些曾经贫瘠荒凉的小村建起了白墙青瓦、红黄黑相间的彝家小院，还有那些灰头土脸却带着满腔渴望、一脸真诚在认真读书学习的乡村小伙伴，从他们闪亮的眼眸、淳朴的笑容中，我看到的是希望，想到的是未来。这时，我就更加明白了五星红旗带给我们的是力量和信念。国家富强，才有小家的幸福。

我心中的五星红旗

广西壮族自治区北流市永顺小学　姚嘉豪

　　我们的民族历经了五千年的历史沧桑，我们的国家经过了一场场风风雨雨，我们的国旗是一面血染之旗，是无数革命先烈用生命换来的。每每看着那五颗星，都觉得它们是那么可贵，那么明亮，那么美丽。每每看着五星红旗冉冉升起，我的心中都感到无比自豪，在我心中，五星红旗就是我的骄傲！

　　记得一年级的时候，我有幸成为一名光荣的少先队员，戴上了鲜艳的红领巾。那一刻，我好像身披鲜艳的旗帜，心里感到无比荣光。后来，在我漫长的学习生活中，红领巾时刻陪在我身边，我非常爱惜它。每天早上起来，吃了早饭，穿上校服，戴上红领巾，唱着国歌来到学校，红领巾飞扬在胸前，那么神气。放学后，我将红领巾慢慢叠好，小心翼翼地放回书包就像收藏起珍宝似的，无比珍惜！

我知道，我们的幸福生活来之不易；我知道，与国家息息相关的是我们每个小家，每个人；我也知道，我们要齐心协力让祖国更强大，我们一定会成为五星红旗的骄傲！

我心中的五星红旗，那一抹鲜红永远刻在我的心中！

4 忘不了

　　某一天、某件事、某个场景、某个瞬间、某个人停留在你的记忆中，带给你特殊的感受，让你久久难忘。那就整理一下思绪，把这独特的经历写下来吧。

忘不了第一次独自回家

四川省成都市实验小学战旗分校　周佩潼

今天，妈妈和我约定好，下午放学后我自己回家。

一整天，我都在苦思冥想，是坐出租车还是坐公交车？终于我做出一个决定：坐公交车！唉，这可是我第一次自己回家，内心真有些害怕。

我穿过平时繁华的街道，由于下着雨，今天的街道是冷清的，人很少，四处都散发出一股冷寂。我自己鼓励自己，没事儿！加油！你行的！

前方200米就是公交站，我背着沉重的书包，使出最大力气，径直向公交站奔去。我踏上公交车的那一刻，不安的感觉减少了一大半，这时我

发现我全身冒出了冷汗。找到座位坐下来之后，放下书包，我长长地舒了口气，心脏才慢慢平稳下来。

坐到金沙站时，乘客一股脑儿地挤了上来，车上人头攒动，多得望不到头。书包像泰山一样压在我腿上。由于人太多，车厢内迅速升温，像一个正在沸腾的大水壶，我热得满身大汗。终于到站了，我要下车了。

天边出现一道红霞，我打开手表，呀，已经下午 5:46 了！这时我看到了我的家，妈妈正在路口迎接我，当我看见妈妈的时候，兴奋得说不出话来，大喊："妈妈！"

我立马朝妈妈冲过去，使劲地拥抱妈妈，眼泪哗哗流了下来。

哈哈，这真是一次难忘的"冒险"！

（指导教师：龙亭如）

学生佳作

忘不了那场大雨

江苏省南通市海门区育才小学 丁 博

看到"忘不了"三个字，有一次下大暴雨的情形立马浮现在眼前。

那一天下午4点多，乌云像魔术师的魔法布，刚刚还白得像雪一般，瞬间就变成一块块似煤炭的黑布，慢慢地遮盖起来，笼罩着天空，雨滴从黑布中落下，大得出奇。

道路上，汽车堵得厉害，嘀嘀嘀地响着喇叭，所有人都想早点儿回家，街道好像被黑伞遮住的菜市场，喧闹而黑暗。小河边，一群蜻蜓在水面上低飞着，翅膀急速地扇动着，蚂蚁也急急匆匆地向另外一个树洞搬家，蟋蟀抱着树叶倒挂金钩，七星瓢虫被雨水打得从叶子上滚了下来，青蛙呱呱呱地叫，水已经淹过它的脖子。

打伞的人都躲在马路边的屋檐下挤来挤去，纷纷抱怨这说来就来的坏天气。

　　粗心的乌云之间多多少少留了些缝隙，这可让太阳找到了机会，努力地想发出光芒，霎时，一束光刺了出来，好似打开了一扇大门，不知是不是乌云的衬托，我觉得它好亮，比晴天时还要亮。没等我细细观看，它就被乌云挡住了。

　　听啊！听啊！雷！是雷声！闪电来了！今天是雷公的女儿——雷公主的婚礼。雷公主兴奋极了，激动得流下了眼泪，开心地跑了起来。紧追不舍的是风新郎，它追着新娘，大家跟着它们走哇，一大堆人跑来跑去，脚步声比大象的走路声还要大。地面上有些人看得很带劲，但是小孩子却被吓住了。婚礼上的人浑然不知，它们的追逐给世界带来了多少麻烦。

　　妈妈让爸爸把家里所有的电源都断了电，要是电器发生意外，我们可要遭殃了。

　　风怒吼着，像一只狂躁的野兽，一直到深夜才安静下来。

　　这场雨让我终生难忘。

（指导教师：姚　杰）

忘不了那一节课

江西省抚州市金溪县锦绣小学　张紫怡

丁零零、丁零零，上课铃响了，同学们纷纷从操场进入教室，然后有序地坐了下来。

"同学们，今天我要表演一个神奇的魔术。"老师推了推眼镜，露出了一丝神秘的微笑。

同学们疑惑不解，不知老师葫芦里卖的什么药。老师从袋子里面掏出一个无盖的矿泉水瓶，让我们辨别真伪。

同学乐熙走上了讲台，仔细端详了一会儿，然后用手摸了摸，瓶子发出了咔咔的声音。"咦，是真的！"他抓耳挠腮，自言自语说道："这到底是怎么回事？"同学们在下面也议论纷纷，个个把眼睛睁得大大的，好像要发现老师的"蛛丝马迹"。

老师接着从包里拿出一张餐巾纸，抖了

抖，拿到我们面前让大家再三确认。朱锐将它放到鼻子下嗅了嗅，又用手摸了摸，然后她耸了耸肩，无奈地说："这纸也是真的，有点儿软，也有点儿粗糙。"同学们此时都陷入了谷底，若道具都没有假，那怎能变得出魔术呢？

老师微笑着从容地将纸对折，然后放在手心揉成一个球形，再将它塞在瓶口，请同学们上来吹气，看能否将那个小纸团吹进瓶内。这时只见乐熙同学抬头挺胸，跃跃欲试。他深吸一口气，俯下身子猛地一吹，只听砰的一声，纸团弹了出来，和瓶子完全分离了，不是我们想象得那么顺利。虽然同学们绞尽脑汁，想尽办法，可每次结果都是如此，逗得大家哄堂大笑，拍手叫好。最后，老师取出她的"秘密武器"——笔芯，老师用笔芯轻轻对着瓶口一吹，那淘气的纸团就乖乖地躺进了舒服温暖的瓶子里，好像还淘气地冲着我们傻笑。

同学们大眼瞪小眼，真是丈二和尚摸不着头脑，就在我们疑惑不解时，老师神气地为我们解开了谜团：原来当我们用嘴巴向瓶口吹气时，气流比较大，而由于瓶口较小，整个气流柱往瓶子里去的时候没有排气的地方，导致瓶子里的气压增大，由于反作用力的原因，气流把纸团给反弹出来。而当我们用笔芯吹的时候，气流柱比较小，不会产生瓶子内气压增大的现象，纸团也就不会被反弹出来。

听完老师的揭秘，我恍然大悟。从此，我对科学产生了浓厚的兴趣。

（指导教师：刘　凤）

5 我学会了＿＿

 **命题解读**

　　我们每天都处于学习当中，学知识，学技能，学品德，学习惯……学习，伴随我们成长的每一天。那你学会了什么，它对你的生活有什么影响呢？

我学会了爱

浙江省临海市大洋小学南校区　鲍朱聿

以前，我没有兄弟姐妹，是一个娇滴滴的小公主，全家人都围着我转。我想要天上的星星，爸爸也要想方设法帮我摘下来。在这要风得风、要雨得雨的日子里，我的脾气越来越坏，完全不懂什么是谦让和付出。直到，我有了一个妹妹。

妹妹刚出生时小小的，软软的，呆萌可爱。慢慢长大后，破坏力竟然越来越强：今天撕了我的书，明天划了我的作业本，后天打翻家里的米缸……我经常被她气得想揍她。但妈妈总说姐妹之间要谦让，要关爱，我比妹妹聪明、懂事，不用老跟小屁孩儿计较。

有一次，妹妹把我最喜欢的芭比娃娃给拆了，我气得暴跳如雷，妹妹吓得哇哇大哭。我刚想打妹妹一拳，突然想到：自己小时候不也把玩具都弄坏吗？大人也没打我呀。再看看妹妹红扑扑的小脸蛋儿，与我一模一样的鼻子、嘴巴，整个一个迷你版的我呀！想到我们俩的身体里流着相同的血，我立马心软了。于是，我收回拳头好声好气地对她说："下次不能这样了，芭比也会疼的，好吗？"妹妹听了，破涕为笑，张开双臂冲我求抱抱……

在跟妹妹的朝夕相处中，我从刚开始的对立、仇视到慢慢的平和、喜爱，妈妈夸我越来越有姐姐范儿了。妹妹也从开始的无视我到天天跟在我后面当小跟班，黏着我不放。在这过程中，我学会了谦让，学会了忍耐，学会了爱……

我学会了检查

四川省成都市教育科学研究院附属小学　谢宜朗

　　星期五，我急急忙忙、慌慌张张地吃完早饭，飞奔到了学校。刚要喘口气，突然发现课桌抽屉里有昨天老师让我们拿回去给爸爸或妈妈签字的回执单，我竟然忘记带回家了！

　　我想了想，是因为星期四我在放学收书包的时候，一心只想着赶快收拾完书包回家，没有检查一下课桌里是否有东西落下，所以才把回执单遗落在了课桌抽屉里。

　　可是，老师再三强调今天要交的呀！我该怎么办呢？我心里忐忑不安，在教室外的走廊里走来走去。最终，我主动地告诉了老师，老师同意了我明天补交回执单，但是要扣掉我两个积分。

望着扣掉的积分，我很懊悔，心想：以后做事情一定不能这么马虎了，无论是学习上还是生活中，都应该认认真真、仔仔细细，收拾书包时想想今天有什么重要的东西需要带回家。可以每天把要做的事情和作业写在记事本上，已完成的项目可以打钩表示完成，做好记录并进行检查，这样就不会出错和遗忘了。

通过这件事情，我学会了检查，在最近的一次数学考试中，答完题后我认真检查，避免粗心大意，考了100分，得到了老师的夸奖。

学习用品检查，作业检查，考试检查……学会了检查，我感觉自己的生活更加有条理，学习更加轻松。

同学们，你们学会检查了吗？

（指导教师：易　霜）

我学会了宽容

山东省淄博市金茵小学　罗宇坤

什么是宽容？我时常这样问自己。宽容是一种修养，是一种美德，更是一种品质！

生活中的一件事让我懂得了宽容的意义。一次刚下课，同桌提着水桶在搞卫生，水桶里的水溅在了我的鞋子上，我顿时火冒三丈，眉头紧皱，大声嚷道："你干什么？这可是我新买的鞋子，你怎么那么不小心……"我愤怒地喊叫着。她可怜巴巴地看着我，委屈地低下头："我……我不是故意的，对……对不起啊……"她断断续续地说道。我没等她说完，就一脚踩在她的鞋子上，她白白的鞋子上顿时摆了一张"黑黑的脸"。我哼了一声，扭头就走了。她叹了一口气，无奈地回到了自己座位上。这件事情我一直放在心上，几天都没有跟她说话，她几次跟我说话，我都不理睬她。就这样过了好一阵子。

体育课上，我和同学打闹嬉戏，正玩得高兴，同桌碰巧从我身边经过。我一不小心踩了她一脚，可那脚踩得很用力，我愣了一下，僵硬的身子代替了原先的灵活。"对不起，我……"我结结巴巴地说着，心想：完蛋了，上次她一不小心弄脏我的鞋，我一直没有原谅她，她肯定会狠狠地踩我一脚的！可是她并没有这样做。"没关系。"她轻声说道。"上一次我那样对你，你不生气吗？"我惊讶地问道。她笑了笑，说："宽容是一种美德，也是一种修养！"

从那以后，我时刻提醒自己做个懂得宽容的人。宽容让我有了忍耐的心，宽容让我收获了更多友谊，也让我更快乐了！

（指导教师：王金琨）

6 我也是消费者

　　每年的 3 月 15 日，是国际消费者权益日。小学生同样也是消费者，可以学习一些相关知识，并在生活中积极应用，同时大家要理性对待消费，养成良好的消费习惯。一起来看一看例文中几位同学在生活中遇到了哪些消费问题，又是如何解决的吧。

我也是消费者

山东省淄博市金茵小学 刘文涵

那是一个骄阳似火的中午，我买了两个冰激凌，给了同学一个。同学撕开包装，吃了起来，我有意无意地看了看生产日期，发现冰激凌过了保质期都快一年了，我急忙抢过同学的冰激凌，气冲冲地去找老板讨说法。老板看了一眼，把我那个没有打开的冰激凌重新放回了冰柜，然后笑眯眯地说："小同学，我退给你钱，快玩去吧！""你怎么把过期的冰激凌往冰柜里放？你应该直接销毁掉。"我大声说道。老板瞪了我一眼，说："冰激凌过期了也能吃！"我怒吼道："阿姨，食品过期是不能出售的，消费者吃了会有危险的！"我的喊声引来很多大人围观，老板的脸又红又白，难看极了，她当着大家的面，销毁了过期的冰激凌。我蹦蹦跳跳地回到了家，得意地把这件事情告诉了妈妈，妈妈夸我是个小能人！

　　生活中的消费问题随处可见，我们要学会维护个人权益，享受更优质的产品和服务。

（指导教师：王金琨）

学生佳作

我也是消费者

四川省成都市成华区教育科学研究院附属小学　刘翰燃

　　有些同学可能对"消费者"这个词很陌生，但对于我来说，印象就非常深刻。3月15日是"国际消费者权益日"，每年的这一天晚上我们全家都会围坐在一起观看中央电视台举办的"3·15晚会"。我从中学到了一些关于消费和保护消费者权益的知识。

　　有一次，我去楼下商店买了一个面包，正准备付钱的时候，看了一下生产日期，啊！已经过保质期了。于是我对阿姨说："阿姨，您这个面包过期了，不能卖了哟，如果消费者吃了变质食品，身体出了问题您要负责任的。"阿姨接过面包看了一下，不好意思地说："小朋友，谢谢你的提醒，我们马上处理，小小年纪，懂的事情可不少，真棒！"我们小学生也是消费者，一定记得维护自己合法的消费权益哟。

（指导教师：易　霜）

学生佳作

我也是消费者

四川省成都市成华区教育科学研究院附属小学　王沛歆

最近，总听到爸爸妈妈说："支付宝上又可以报名领优惠券了。"我问爸爸："优惠券怎么用？"爸爸告诉我："用这个优惠券买东西就能节省一些钱，比如我们要买 60 元的东西，就可以用这个优惠券抵掉 20 元，实际上我们只需要花 40 元。"自从我了解了为什么要领这个优惠券后，每次去逛超市，总能看到叔叔阿姨爷爷奶奶在用优惠券，优惠券对消费的影响可真大。

关于网上消费，我听大人聊的最多的是"双十一"。"双十一"又是什么呢？妈妈告诉我："'双十一'就是每年的 11 月 11 日，是网络上的促销购物

狂欢节，在这个活动期间很多商品比平时要便宜，大家都集中在这个时间买大量物品，能节省很多钱。"爸爸听了说道："如果不去买，会节省更多。"哈哈，我觉得他们说的都有道理。

　　虽然我还是小学生，但是也要吃穿住行，每天都要消费，我也是消费者，不过我花费的是爸爸妈妈辛苦挣的钱。这让我懂得，理性消费很重要，只买必需品，不能浪费。

（指导教师：易　霜）

7 夏天的味道

　　夏天是什么味道的？是冰冰凉的雪糕，是酣畅淋漓的笑，是树荫下的悄悄话，是耳边的声声蝉鸣，是火辣辣的太阳，是雨中焦急的等待，是山风轻轻地吹……你的夏天是什么味道的？快写下来和大家一起分享吧！

学生佳作

夏天的味道

浙江省温州市瑶溪镇第一小学　陈　华

　　在一个阳光明媚的早晨，我走到窗前，打开了窗户，一阵清风扑面而来，里面夹杂着孩子们的欢声笑语。我出门看了看，孩子们有的在玩捉迷藏；有的在玩老鹰捉小鸡，而那只"老鹰"费尽九牛二虎之力也没能捉到一只"小鸡"；还有的孩子在玩丢手绢的游戏，丢手绢的那个孩子汗流浃背，一圈又一圈地跑着。

　　夏天的味道中不只有孩子们的欢笑，还有大自然的气息。听，知了响亮而有节奏地叫着，让人有些犯困；一声声呱呱，呱呱，呱呱呱，那是池塘里的小青蛙们站在它们的"舞台"上尽情地歌唱。这时，荷花姐姐看到小青蛙的表演，心里痒痒的，于是偷偷来到"舞台"前面跳起了舞。小青蛙看到荷花姐姐不但没有驱赶，反而非常欢迎它的到来。吃着冰激凌的小朋友，站在河边，吹着凉爽的夏风，来不及舔那融化的冰激凌；在河边背课文的学生，一边背着《荷塘月色》，一边欣赏着眼前的美景；还有一些锻炼的老人，不紧不慢地舒展着腰身。

夏天的味道可真让人陶醉呀！

学生佳作

夏天的味道

河北省张家口市万全区第六小学　贾云涵

夏天的味道是什么样的呢？细细品来，还真是让人回味无穷。

夏天的味道是美丽的。我可以穿我最喜欢、最漂亮的花裙子，扎上蝴蝶结，在花丛中翩翩起舞，那一刻的我最开心了。

夏天的味道是甜甜的。我可以吃各种口味的冰激凌，冰冰凉凉的，从舌尖一直凉到脚尖，那种感觉太爽了。

夏天的味道是凉凉的。我举着伞走在路上，听着落在伞上的雨滴跳舞、狂欢。

　　夏天的味道是幸福的。每天我最期盼的就是能早点儿吃晚饭，这样我就能和妈妈、姐姐一起去散步了，那是我最幸福的时刻。每天我们都要赛跑，看谁跑得快，可妈妈总是最后一名，她微笑着说："我老了，追不上你们了。"可在我心里，妈妈永远都不老。我们边走边玩，路旁的野花、野草美丽极了，我总是忍不住摘上几朵，戴在头上，妈妈也调皮地说："给我戴一朵。"这时的妈妈可爱极了，就像和我们一般年纪的孩童。一路上，我们的欢声笑语回荡在宁静的夜空，星星微笑着冲我们眨眼睛。真想就这样一直走下去……

　　夏天的味道是幸福的味道。

（指导教师：王慧芳）

夏天的味道

广西壮族自治区北流市永丰小学　韦昊兴

　　夏天到了，这一段日子又多了许多的乐趣，例如可以吃到甜甜的冰激凌，可以去游泳池里欢快地游泳……对我来说，夏天还有一个乐趣，那就是和爸爸妈妈一起去爬山。

　　有一次，我和爸爸妈妈一起去大容山游玩，刚开始的时候我们动力十足，可是上山的时候，先前的那一股劲儿渐渐没有了，烈日炎炎，汗水不停地往下流，衣服都湿透了，像被雨淋了一般，我们感觉走不动了。不过爸爸说，出出汗对身体有好处，只要不中暑就行。

　　我们就这样走走停停，说说笑笑，终于爬到了山顶，向山下望去，景色尽收眼底，瞬间感觉浑身轻松了，劳累已经无影无踪。要下山了，腿酸酸的，我真想飞下去，这时候，要是可以吃上一个冰激凌，该多好！

　　过了一会儿我们终于下山了，我立马去买了一个冰激凌。在回家的路上，我一边吃着冰激凌，一边看路边的风景，别提多开心了。在回家的路上，我看到了游泳池里人山人海，每个人的脸上都洋溢着开心的笑容。

　　这就是夏天的味道——快乐的味道，夏天给我们带来了很多快乐，我爱夏天！

（指导教师：梁杏芳）

8 创意教师节

命题解读

　　教师节这一天，同学们会用各种方式表达对老师的尊敬与感恩之情，为老师送上深深的祝福。回想一下，每年我们送祝福的方式似乎都差不多，感觉比较平淡。今年你的祝福方式有变化吗？是否富有创意呢？不如我们来个比拼，看谁的创意更胜一筹。一起去看例文中都写了哪些创意吧！

创意教师节

——有"预谋"的教师节

泉州师范学院附属小学　黄楚涵

　　再过几天就是教师节了，同学们决定给老师一个惊喜。我们提前几天亲手制作了精美的贺卡，并写上了全班同学的祝福，还发动班上手工折纸折得好的几位同学折了一束五颜六色的康乃馨，希望老师永远健康、美丽。

　　教师节当天，我和同学们相约提前来到学校。不一会儿，文老师也满面笑容地走进校门。全班同学齐刷刷地向文老师敬队礼，并异口同声地说："老师，您好！"我和班长走出人群，我双手捧着这束同学们自己制作的康乃馨递给老师，恭恭敬敬地说："老师，祝您节日快乐！"班长也上前双手递上写有全班同学祝福的贺卡。

看到眼前的一幕，文老师笑成了一朵花，她弯下腰，接过花束和贺卡，激动地说："谢谢你们，谢谢你们，我的好孩子们！"同学们一拥而上，拥抱和蔼可亲的文老师。文老师热泪盈眶，不停地拥抱每位同学……

创意教师节

——特别的一课

四川省成都市成华区教育科学研究院附属小学　周语妍

一年一度的教师节又到了。

同学们七嘴八舌商量着该送给老师什么礼物，有的说要送一张充满深厚情谊的贺卡，有的说要送一束美丽芳香的鲜花，有的说要送自己亲手做的小礼品。但我想的却和他们都不一样，我打算替老师上一节课，让老师放松一下。

丁零零，一声清脆的铃声让我变得紧张起来，老师坐在我们的座位上，投来期待和快乐的目光，她脸上露出的

笑容逐渐让我放松了下来。我脑海里一边回忆老师平时上课的神态，一边笨拙地模仿，嘴里还说着老师的口头禅。我滑稽的表情和奇怪的语言引发同学们阵阵笑声，大家笑得前仰后合。不过这却让我的表演更自然起来，我试着在黑板上写字，不过写着写着手就酸了，粉笔灰还弄得满手都是，面对嘈杂的环境，我必须提高音量，这让我的嗓子很不舒服。

这节课快要结束的时候，我对同学们说，这一节课我真正感受到了老师的辛苦，我们应该多多理解老师，上课保持安静，认真听讲。话音刚落，我看到老师眼眶有些泛红，但还是像平常一样带着温暖的微笑。

（指导教师：易 霜）

9 紧张的回味

　　生活带给我们很多回味，其中一种就是紧张的回味。比如一场考试、一场球赛、一次歌咏比赛……从活动准备到进行，再到结束……这个过程，我们的心情经历着过山车般的起伏，额头冒汗，双腿发软，心怦怦跳……紧张其实并不可怕，只要我们不断调整心态，平时多多锻炼自己，适度的紧张会促使我们进步和成长。期待大家在一次次小紧张的历练下，迎接挑战，不断进步。

学生佳作

一场紧张的考试

河北省保定市冀英第四小学　朱瀚麟

清晨，太阳懒洋洋地洒下些许阳光，本应让人心情愉悦，可在我眼中，天空像加了灰色滤镜。因为今天与他日不同——学校有一场期末考试。考试的铃声无情地响起，静坐等待的同学们，开始了紧张的考试。

当数学试卷出现在我眼前的那一瞬，我感觉额头上汗涔涔的，手像从水中捞出的纸一样。我无力地填上姓名，愣了几秒，怔了几下之后才开始进入状态，用力甩了甩脑袋，抄起笔，埋起头，开始奋力作答。

　　随着钟表上的指针一格一格地走过，考试很快就过半了，我只觉得空气沉闷让人喘不过来，头顶好似悬着一把剑。试卷上密密麻麻的数字符号，在我眼前幻化成一只只黑色的小蚂蚁，又变成一团团黑线。后面的题愈来愈密，我心中发起忧来：后面的题太难，做不出来怎么办？要是我做上来了，时间不够怎么办？要是考砸了怎么办？……

　　"考试时间还剩15分钟！"我紧锁眉头，盯着试卷一遍又一遍地检查，丝毫不敢大意。"好，考试结束，收卷！"当这句话传入我耳朵后，我长舒了一口气，多日里累积的压力，一瞬间烟消云散，抬头望望窗外，湛蓝湛蓝的天空，好美呀……

　　为何考试时那么紧张呢？我要思考一下这个问题，希望今后再考试时可以做到轻松面对。

（指导教师：孙志颖）

学生佳作

一场紧张的朗诵比赛

河南省平顶山市郏县新世纪小学　李坤刚

　　元旦那天一大早,我和爸爸妈妈一起到了朗诵比赛的现场,老师给了我一个号牌,上面写着一个"3",居然这么靠前。爸爸妈妈不断地让我放松,给我加油,但是,我的心里还是在打鼓:如果我突然忘词了怎么办?我的话筒突然不响了怎么办?我突然打个很响的喷嚏怎么办?压力就像孙悟空的紧箍咒一下子套在了我的头上。

　　比赛开始了,1号选手穿着一身整洁的西装,领口上系着一个红领结,脸上还化了妆。看着自己随随便便穿的一件衣服,我的胆怯又增添了一分。

　　2号选手朗诵的时候,我的心里像揣了一只兔子,汗毛一根根竖了起来。轮到我了，我的心都提到了嗓子眼儿，但我依然满面春风地走上舞台："……《延安，我把你追寻》。像翩翩归来的燕子，在追寻昔日的春光；像茁壮成长的小树，在追寻雨露和太阳……"渐渐地，我的思绪全融入了作品当中。朗诵完毕，台下传来一阵热烈的掌声，我长舒了一口气，朝台下鞠了一躬，又说了声："谢谢大家！"

这次的朗诵比赛让我感到前所未有的紧张，妈妈告诉我，适度的紧张是正常的，可以促进事情向好的方向发展，但是过度紧张就要自我调节了。"艺高人胆大"，看来我还要多多锻炼自己，争取以后可以轻松面对比赛。

（指导教师：任艳红）

一个令我紧张的夜晚

重庆市江北区科技实验小学　杜宇杰

　　八岁了，妈妈觉得我长大了，晚上可以一个人睡了。我一听，心里有点儿紧张。

　　第二天是国庆节假期，我该一个人睡觉了。可事情就是这么巧，当天下午，表哥到我家来"度假"啦！三四天以后才走，和我睡同一间房。爸爸说，这算是"热身训练"。

　　可是这三四天，我每天都过得很忐忑，生怕时间太快，表哥走了。可是，时光如流水，转眼间，三四天就过去了。我只好服从命令——晚上一个人睡。

晚上 8 点，我迈着沉重的步伐走上楼，轻轻推开门，看了一会儿书，妈妈来催我睡觉。我只好按照妈妈的吩咐，不情愿地躺下了。我紧张地看着四周，黑漆漆的，我在心里想了很多很多事，可是越想越紧张，越紧张越睡不着。

晚上 9 点左右，妈妈来看我，我闭上眼睛，假装睡得很香。妈妈看了一会儿，小心翼翼地关上门，我的眼睛同时也睁开了。第一次一个人睡觉真的很难熬。窗外，一声声狗叫，增添了几分凄凉。我的心就像一只兔子，咚咚直跳。邻居家的灯都熄灭了，我还翻来覆去睡不着，心里数着：一只羊，两只羊，三只羊，四只羊，五只羊……不知不觉，我进入了梦乡。

第二天，我迷迷糊糊地睁开眼睛，妈妈走过来，问我感觉如何。

我像一个士兵对首长报告："一切正常！"

学生佳作

一场紧张的歌咏比赛

浙江省杭州市学军小学紫金港校区　王梓烨

　　学校又迎来了一年一度的艺术节，我再次代表班级去参加"星空才艺秀"。这一次，我、灵灵和佳佳组成一队，大家都是有比赛经验的老将，合作起来比较默契。可这次只有四天时间准备，我心里产生了很大的压力。

　　时间紧迫，那就抓紧时间！大家快速地定好节目，买好服装，周末加班加点地排练，一刻也不敢松懈。

　　比赛如期而至。我们换上演出服，化好妆候场。

　　候场区全是参赛者，这些来自不同班级的同学早已整装待发。他们有穿汉服的，有穿舞裙的，还有穿西装的，看起来个个胸有成竹的样子，我们心头的压力似乎更重了。虽然不是第一次参加比赛，可大家对临时排出的节目还是没有把握，真担心比赛时会出错……这时，灵灵向我投来一个坚定的眼神，我立马心领神会，并用同样的方式看向佳佳，我们三个用眼神互相加油打气，给彼此信心。

轮到我们上场了，开头的合唱还算顺利，到了一人一句独唱时，我觉得自己的声音很轻，动作僵硬，瞬间慌了神。我深呼吸，努力回忆练习时的动作要领，全情投入演唱。唱着唱着，我忘了台下的观众，忘了正在比赛，仿佛此刻就是一场排练……演唱完毕，我被台下热烈的掌声惊得回过神来……

几天后，得知比赛结果的我们开心地给了彼此一个大大的拥抱，因为我们拿了奖，还战胜了比赛的压力！

（指导教师：毛颖斐）

10 他们俩很像

 命题解读

　　生活中，你会发现有两种事物特别相似，有时甚至会分不清。比如两个人、两件物品、两种食物……他们到底为什么像，有哪些共同点？又有哪些区别？请仔细观察、分析，把你认为相似的两种事物描述给大家吧，如果有小窍门，也别忘了分享给大家哟。

妈妈和外婆很像

四川省成都实验小学战旗分校　黄宸熙

　　我妈妈和外婆，简直是一个模子刻出来的，都喜欢买东西。

　　先说外婆，她每天早上锻炼完都要去超市。今天买牛奶，明天买花生，天天买不停，不过她从不乱花钱，她买的商品大部分都是促销打折的，我能想象她在超市里围绕着优惠商品转圈圈的样子，就如同她每天围绕着我转一样。

　　然后说妈妈，她总喜欢给我买书，家里的书柜、奶奶

家的书柜都成了她的购书仓库。她还很喜欢给我买零食：麻辣兔头、胡豆、海苔……每过一段时间，妈妈会把装过商品的纸箱子整理好，卖到废品站，既节约又环保。

怪不得妈妈是外婆的女儿呢！妈妈和外婆不仅生活习惯像，她们给我的爱也很像。

她们俩特别像

安徽省休宁县海阳第一小学　叶　梵

吴超和陈越是一对双胞胎，一个跟妈妈姓，一个跟爸爸姓。

她俩有着一样的身高，一样的脸型，一样直顺的头发，还穿着一样的服饰。

有一次，我们一起玩捉迷藏，我负责抓。不一会儿她们就藏起来了。

篮球架那边有个人影一闪而过，是吴超还是陈越？急得我家乡话都出来了："你到底是谁嘛？"她们似乎听见我的声音啦，加速飞奔。我连忙跑

上去，抓到一个，一转弯，又抓到一个。"哇，都抓到了！"我开心地说。

"喊名字吧！"吴超和陈越异口同声。

"吴超在陈越旁边，陈越在吴超旁边。"我玩起文字游戏来。

她俩无奈地说："你用手指出谁是吴超，指对了，就告诉你怎么区别我们俩。"我决定用点兵点将的方法尝试找出吴超，点来点去，我竟然点对了。按照约定，她们告诉我，棕眼睛的是吴超，黑眼睛的是陈越。

吴超和陈越，她俩可真像！

（指导教师：张丽霞）

它们的味道特别像

四川省成都市同辉国际小学　王梓洵

白切鸡和白灼猪肚是广东的特色菜。这两道菜的做法和口感都很相似，非常好吃。

首先是食材的准备，白切鸡需要准备的食材有一只仔鸡、一块老姜、少许盐和一些茶油。白灼猪肚需要准备的食材是洗净切好的猪肚、一块老姜、少许盐和一些茶油。

白切鸡的做法是这样的：在烧开的水里放上事先抹

好盐的鸡，这里要注意鸡一定要整只放入锅中。煮大约 30 分钟用筷子戳鸡肉，如果有血水渗出再煮一会儿，如果没血水渗出就可以捞起来晾凉等待切块。做白切鸡最重要的是火候的把握，最经典的白切鸡都是鸡肉刚熟但骨头里带点儿血。接下来开始做蘸料，蘸料只需将洗净的老姜放盐捣碎，倒上适量茶油搅拌均匀即可。白灼猪肚和白切鸡的做法差不多，猪肚在滚烫的开水里迅速汆水，为了保证猪肚爽脆的口感，整个过程只需几秒。

切好的鸡肉裹上酱汁后太美味了，鸡肉入口的一瞬间，香味就涌进了嘴。猪肚的口感更加爽脆，同样非常好吃。

他们俩特别像

广东省东莞市大岭山镇中心小学　李梓萌

　　我弟弟养了一只鸡叫小黄，他们俩特别像。

　　我弟弟顶着一个西瓜头，脑袋又大又可爱；小黄的脑袋毛茸茸的，也特别可爱，配上圆溜溜的眼睛，和弟弟真的有几分神似呢！还有，我弟弟怕热，小黄也怕热。有一次，我弟弟大半夜还没睡，起来一看，小黄也没睡，那时候是炎炎夏季，估计他们都是热得睡不着吧。

　　有一次，妈妈带我们去吃西式快餐，里面有一个

油炸香芋丸子。弟弟歪着头看了看，咬了一小口，觉得味道不错，于是狼吞虎咽吃了下去。那天晚上，我给小黄喂面包，它也是先歪着头看了看，咬了一小口，觉得味道不错，于是津津有味地吞了下去。那动作真的是和弟弟一模一样呢！我的弟弟喜欢睡在床的左上角，小黄也喜欢睡在鸡笼的左上角；弟弟爱喝粥，小黄爱吃浸泡过的小米；弟弟很文静，小黄也很文静。

我弟弟和小黄是不是很像呢？

（指导教师：蓝定花）

11 我怕……

同学们，日常生活中是否会有一些事物一提起来就令你感到害怕或慌张呢？比如怕奇怪的声音，怕一个人睡觉，怕看医生……你是否在想办法战胜它？写一写你和它之间的故事吧。

虚惊一场

江苏省南通市朝晖小学　许若涵

　　晚上，我躺在床上，准备入睡。突然，一阵刺耳的声音在我的耳边响起——嗞嗞嗞，我竖起耳朵，瞪大了眼睛。嗞——嗞嗞——那声音断断续续响起。我很害怕，把整个人蒙在被子里，连气都不敢出，脑中浮现出无数可怕的想象：有一条蛇在床头吐着芯子？有一个怪物正在悄悄靠近？还是……我越想越怕，这种想象让我的额头、手心、后背都冒出了冷汗。

在勇气的鼓舞下，我坐了起来，试图找到这声音的来源。可是，恐惧还是战胜了好奇心，我捅了捅一旁睡得正香的奶奶。奶奶被我叫醒后，仔细听了听，开了灯，帮我一起寻找怪声的来源。

我们这儿寻寻，那儿找找，翻箱倒柜，把房间搜了个底朝天。终于，奶奶停在了热水瓶前，嗞——嗞——"就是这个声音！原来热水瓶就是罪魁祸首！"奶奶把热水瓶的盖子拔掉后又重新盖了上去，怪声果然消失了。

我蹦上床，倒头就睡。那一夜，我睡得格外香，因为我战胜了恐惧，找到了真相。

（指导教师：顾金玉）

学生佳作

我怕"别人家的孩子"

浙江省杭州市临平区小林小学　吴宇轩

每天早晨，妈妈叫我起床时，总会冷不丁地加一句："别人家孩子早就起床读书了。"我极不情愿地从温暖的被窝儿里钻出来，穿好衣服，冲进卫生间洗漱。

吃饭时也不得安宁，尽管我碗里的菜已经冒尖了，爸爸还是一个劲儿地往我碗里夹菜，边夹边说："多吃点儿，你看别人家孩子长得多强壮，人家从来不挑食。"

"你怎么这么调皮，你看别人家孩子多乖

巧！""你的作业怎么写得这么潦草？看别人家孩子写得多整齐。"……

我怕听到"别人家的孩子"，不过，我没有被"别人家的孩子"打败，我知道爸爸妈妈不断说"别人家的孩子"，是想让我变得更好。我要好好努力，超越自己就是进步。

（指导教师：杨海湖）

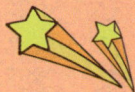

学生佳作

我怕数学

福建省龙岩市永定区湖坑镇洪川小学　林凤娟

　　从三年级开始，我就开始怕数学。每次一听老师说要做数学题，我就手忙脚乱，数学作业做起来也比较费力。真愁人！

　　记得一次周末，写完数学作业后我把它拿给妈妈检查。妈妈变得有些严肃，过了一会儿她严厉地说："这几道题做错了，重做吧！"谁叫我做错，没办法。我愁眉苦脸地走进房间，又拿出了数学本，重新做了起来。可是做着做着，听到同楼里其他小朋友玩耍的声音，我觉得特别烦躁。妈妈好像看穿了我的心事，走过来坐在我旁边，陪我一起做这几道题……大约半小时后，我终于完成了这几道题，而且学会了不少课堂上没听明白的问题。我舒展开眉头，心里乐开了花。

哦！我懂了，只要在平时认真对待那些数学问题，多做练习，多思考，掌握好解题方法，就能够轻松面对数学。

现在我不再怕数学了，烦心事也没有了！

（指导教师：江剑锷）

学生佳作

我怕牙医

浙江省杭州市临平区小林小学　肖家炜

　　我的牙齿有长的，有短的，有宽的，有窄的，还有被虫蛀坏的……简直不忍直视。因为牙齿不好，妈妈经常带我去看牙医。

　　那是一个星期一的晚上，左边的一颗大牙隐隐作痛，疼得我一晚上都无法入睡。于是，第二天我又一次来看牙医，一进医院大门就感觉全身瑟瑟发抖。走进电梯，感觉有很多白色"怪物"盯着我看，仿佛下一秒就要把我吃了似的。我紧紧地拽着妈妈的衣服，妈妈看出了我的紧张，用手揽住了我。

很快我们就来到了诊室门口。诊室里走出一位小男孩儿，他刚刚治完牙，面部僵硬，眼睛圆睁，似乎在告诉我他刚刚经历了痛苦。

妈妈拉着我走进了诊疗室和医生沟通了一番，两位医生开始为我治疗。我的嘴张到最大限度，医生拿着一根长针在我嘴里来回扎了几下，瞬间左边的牙齿没知觉了，这时医生拿着钻子不停地在我牙齿里钻，那声音让人不寒而栗，我暗暗发誓以后再也不吃糖了，一定早晚刷牙。想到这里我的眼泪不由自主地流了下来。

大家一定要好好保护自己的牙齿，这样就不必见到"可怕"的牙医了。

（指导教师：杨海湖）

12 我做了一件好事

命题解读

　　什么是做好事呢？参与了一次公益活动，帮助了身边的人……做好事让我们从小树立公益意识，培养互助精神，奉献社会，帮助他人。分享一下你做过的好事吧！

记一次美丽的公益活动

江西省芦溪县张佳坊学校 聂婉曦

　　那天，老师带着几个透明手套走进了教室，他说道："这两节课我们要做一次小小的公益活动，就是把我们学校那段下坡路上的垃圾清理干净。"紧接着我和同学们就戴上手套准备出发了。

　　在整队的时候，老师告诉我们："这次活动是一次把环境变美的过程，所以它是一次美丽的公益活动。"然后我们被分成了三个小组，老师让每一组都讨论一下这次活动的意义，我们立刻展开了讨论。第一组说："我们可以帮助小动物不被垃圾困住。"第二组说："我们可以帮环

卫叔叔阿姨分担一些工作，这样他们就不会那么辛苦了。"第三组说："我们把垃圾捡起来，这里就会变得更加干净，其他人看了也会增强环保意识！"

发言过后，我们就开始了这次美丽的活动，我们把饮料瓶子、废纸箱等可回收的垃圾装到了一个袋子里，打算送给拾荒的奶奶。一路上，许多人夸我们懂事，这让我们心里甜滋滋的。在我们的共同努力下，道路两旁变得干干净净啦！

这次公益活动后，变美的不仅仅是道路，我们也一同变美了。

（指导教师：潘芝兰）

帮地球"美美容"

湖南省隆回县九龙学校 孙思翎

在这个生机勃勃的春天，我们一家人化身成了"美容师"，准备通过栽种树苗来帮地球"美美容"。

一路鸟语花香，我们来到了山坡上，准备种树。大家分工合作，妈妈负责用铁锹铲土，我负责把树苗种上，扶好树苗，妈妈再铲土，盖好树根，爸爸则负责浇水。就这样，小树苗一棵又一棵地种下去，我觉得自己仿佛也成了一棵小树苗，被轻轻拿起，投入大地妈妈的怀抱，"妈妈"紧

　　紧地抱着我，我感觉温暖又幸福。一阵微风吹过，碧绿的衣裳随风飘动，我翩翩起舞，用美丽的舞姿感谢种下我的劳动者，是他们赋予了我新的生命……一阵叽叽喳喳的鸟叫声让我醒过神来，我这才想起自己不是树苗，而是在种树苗。

　　伴随着太阳的余晖，我们种树的任务即将圆满完成，爸爸把之前买好的牌子插到小树苗旁边，上面写着：爱护树木，人人有责。我调皮地加上了一句：给我一片绿，还您一片荫。爸爸朝我竖起了大拇指："你真是个合格的'地球美容师'"！

（指导教师：贺室玮）

学生佳作

我是小小卖报员

江苏省苏州市常熟实验小学　陈季曦

今天我非常开心，因为我变身为一名小小卖报员。这是我第五次做公益，参加报纸义卖活动了。

我们按时到达目的地，公益组织的老师给我们分发了帆布包，里面装有 10 份报纸，包上印有一个大大的爱心，还有二维码，方便我们收款。

拿到报纸，我既兴奋又有点儿害羞。想了想我们卖报纸的目的，我鼓起勇气寻找客户，看见一位叔叔，连忙走上前，礼貌地说道："叔叔您好，我是小雏鹰爱心社团的，您可以献份爱心吗？"叔叔问道："怎

么献爱心哪？"我诚恳地回答："您只要买一份报纸，2块钱一份。我们是公益义卖，卖报的钱将会为贫困地区儿童建造图书馆。几年来，我们已经为大凉山、思南、遵义等地捐助设立爱心图书馆18家，捐赠图书7000余册。"听了我的介绍，叔叔掏出手机，"那我买一份，支持你们！"我开心地说："谢谢您，叔叔。"

不一会儿，我就把10份报纸卖出去了，心里感到无比自豪。通过这次活动，我得到了锻炼，奉献了爱心，用自己的行动将爱的力量传递了出去！

我是你的"小耳朵"

河北省石家庄市裕华西路小学 赵右涵

褚褚爸爸离开后的第二个月，我和褚褚在校园里发现了一段神秘的木头，木头中间有一个不大不小的洞。我俩给它取名"小耳朵"，褚褚把"小耳朵"种在小菜园里，希望有一天它能开出美丽的花。

人们都说，褚褚的爸爸变成了天上的星星。我告诉褚褚，"小耳朵"是褚褚爸爸留在地球上的。从那以后，

褚褚总喜欢跑去小菜园给"小耳朵"浇水。每一次，他都要对着"小耳朵"自言自语好半天。一天又一天过去了，"小耳朵"还是老样子。褚褚伤心地说："爸爸在天上一定没有听到我说的话。"

科学课上，老师带我们学习了《多种多样的植物》。讲到低等植物时，我的脑子突然灵光一现。我把一包菌种悄悄埋进"小耳朵"的洞里，小心翼翼地浇水，又把"小耳朵"放在阴凉通风的地方。

突然有一天，褚褚跑来告诉我，"小耳朵"真的长出耳朵了。那是一朵粉粉嫩嫩的蘑菇，蘑菇的菌柄上有两道像耳朵一样弯弯的弧线。褚褚开心极了："原来，爸爸真的能听到我说的话。"

我对褚褚说："我也是你的'小耳朵'。"

（指导教师：李春梅）

13 我爱劳动

命题解读

　　劳动帮我们打开创造之门，劳动带给我们收获和成长，劳动教我们学会感恩，劳动使我们感受生活的美好……关于劳动，你一定有很多感悟，选一个你熟悉的角度，写出真实的劳动场景，以及你对劳动的体会吧。

劳动的快乐

山东省高密市豪迈第二小学　赵晓隽

　　姥爷家有一大片菜地，四季不闲。去年又添了新成员——丝瓜。

　　暑假的一天，终于等到丝瓜成熟，我陪姥爷一起摘丝瓜。

　　"角豆穿篱石，丝瓜绕屋椽。打畦分嫩韭，春雨翠呈鲜。"站在丝瓜藤下，满眼生机。那绿油油的丝瓜露着"笑脸"，吸收着阳光雨露的精华。

　　我迫不及待帮姥爷扛出梯子并把它摆好，姥爷牢牢地扶住梯子，我开始放心地往上爬。爬到最高处，我朝那根离我最近、穿着绿条长衫的、胖嘟嘟的丝瓜咔嚓一剪，它就带着风坠落，姥爷在下面稳稳地接住了它。一个又一个成熟的丝瓜被我剪下来。

太阳热辣辣地炙烤着大地，我们汗水直流，但乐此不疲。很快，姥爷篮中的丝瓜满了。我们把一篮沉甸甸的丝瓜交给姥姥。

晚上，我们围坐在餐桌旁，品尝着脆嫩可口、味道鲜美的丝瓜汤。姥爷一直夸我是个爱劳动的好孩子，我都不好意思啦！

"一粥一饭，当思来之不易；半丝半缕，恒念物力维艰。"我爱劳动，劳动使我快乐。

包包子

浙江省杭州市时代小学　何奕涵

只要大家愿意，每天都可以是劳动节。就像今天，我要跟妈妈一起挑战一项有技术含量的劳动——包包子。

"包包子还不简单哪，我看奶奶包过，就和捏橡皮泥差不多。"在包之前我夸下海口说，"我肯定能包得又快又好。"妈妈笑了笑没有说话，拿出了发好的面团。"哇！"我吃惊地叫了出来，明明早上还是小小的一团面，现在已经变成一大盆了。"这个面团是气球吗？怎么像吹起来了一样。"妈妈笑着说："因为里面放了酵母哇，面团发酵了。"可太神奇了！我揪了一团面，轻轻一扯，面团居然像芝士一样拉丝了。正当我玩得高兴时，一阵香味扑鼻而来，原来是妈妈把拌好的馅儿端了出来。白白嫩嫩的豆腐和晶莹剔透的粉丝是主角，配上碎碎的肉末、红红的老干妈酱、碧绿的小葱，看得我垂涎欲滴。"好了，我们开始包吧！"妈妈一声令下，我马上开始捏面皮，迫不及待想展现一番。

我把一块圆圆的面皮摊在左手上，右手用勺子舀了一大勺馅儿，放在面皮上，然后把面皮捏合起来，一个包子就包好了。咦？怎么和妈妈包的不一样呢，我包的像一个大饺子。妈妈看了哈哈大笑说："不是这样的，我来教你怎么包吧。"妈妈边说边给我演示了一遍。"哦，原来是这样啊。"我恍然大悟，按照妈妈的方法又包了一个。这次包的和妈妈的差不多，我满意极了，把它放到了蒸笼的正中间，欣赏起来。忽然，包子裂了一个大口子，里面的馅儿露了出来。我赶紧又揪了一块面皮补了上去，包子是封上了，但是像穿了带补丁的衣服一样，丑极了。原来，包包子也没那么简单哪。我不服气，继续包，接下来的几个包得好多了。

很快，一笼包子包好了，妈妈端去蒸，十几分钟后，白白胖胖的包子就蒸好了。自己亲手包的包子感觉特别好吃，我一下吃了两个。原来劳动不仅能提升动手能力，还能增加食欲呢。

学生佳作

劳动创造幸福

湖南省长沙市雨花区育新小学　袁伟箐

　　我经常帮妈妈干家务活儿：洗碗、擦桌子、擦灶台、洗衣服……说心里话，刚开始的时候，我对劳动是有些抵触的。洗碗时，你需要开着水龙头，拿着抹布，将整个碗洗得光洁如新。而后，你会发现手被水泡肿了，腰也酸痛不已，洗完碗还需要拿着抹布去擦有超多油渍的灶台。这还不算结束，还要清理散落着食物残渣与卫生纸团的餐桌，每到这个环节我都是硬着头皮完成。

　　洗衣服也十分辛苦，尤其是洗袜子，首先要将袜子放至搓衣板上，拿起一块肥皂使劲搓，然后放进水中反复冲洗，直到水盆中无泡沫为止。

做这些家务活枯燥、劳累，好多次中途我都想要放弃，可妈妈对我说了一句话："伟箐，天下没有什么事能轻而易举地完成，只有通过自己的劳动，才能创造幸福。"

我至今都对这句话记忆犹新。每次家人吃饭时，手里端着我清洗的碗，我感觉很自豪；每次穿着自己洗的衣服，我感觉自己很能干。等以后读初中了，我就能做更多的事情，不仅可以自己照顾自己，还能帮妈妈分担家务，想想就觉得开心。

劳动真的能创造幸福！

（指导教师：桂阳玲）

14 我能行

　　我能行，不仅体现在口头上，更体现在行动上。我能行，表达的是一份坚强和自信。比如，我们会勇敢地做一件从没做过的事情，我们在遇到困难时能战胜自己，我们会努力学会一样本领，我们会主动挑起一份重担……同学们，你的头脑中涌现出哪些事件可以表现出你的乐观、勇敢和担当呢？

学生佳作

敢去做，才会做

安徽省太湖县新城小学　甘筱蕾

周末，我们一家四口去姥姥家吃午饭。厨房里姥姥突然喊道："蕾蕾，去帮姥姥买一袋盐吧。"买盐？之前我还真没有做过这件事。

妈妈对姥姥说："妈，我去吧，蕾蕾还小。""还小？多大才算大呢？小店就在楼下，很方便。"爸爸扭头望着我："让蕾蕾去吧，什么事都是从不会到会的！"看到爸爸鼓励的眼神，我跟妈妈说："让我去吧，我能行。"

到了小店，我发现小店的玻璃门关着，外面一个人也没有，一切都是那样陌生，我突然有些不知所措。

回去？不行，第一次为姥姥做事一定不能打退堂鼓。

怎么办？我仔细观察，突然发现玻璃门上有个蓝色的"推"字。我轻轻推开门，柜台里一位老爷爷正在看电视。我举着钱，小心翼翼地说："爷爷，我要买盐！"

爷爷慢慢站起身，说："你是小甘家的蕾蕾吧？买几袋盐？"

原来他认识我呀，一下子感觉亲近多了。我马上回答："一袋！"

爷爷笑了笑，接过钱，递给我一袋盐，找给我零钱，并叮嘱我别掉了。

拿起盐和钱，我一溜烟跑回姥姥家，一家人都露出了欣慰的笑容。

（指导教师：孟宪策）

彩虹下的球拍

北京市奋斗小学　杨一兰

啪！

啊！

乒乓球拍不由自主地停了下来，我扭头一看，旁边的女同学已泪如雨下。她伤心地望着我，指指鼻子边的血痕。天哪！我无意中用球拍把别人打伤了，我赶紧向她道歉。

外面的小雨淅淅沥沥地下着，阴沉的天气就像我当时的心情。我害怕同学们知道后议论我，怕受伤的女同学索赔，怕老师不再喜欢我。委屈、害怕、紧张、内疚，各种情绪融合在一起，化为眼泪夺眶而出。从那以后我再也不愿去打乒乓球了。

每天放学后，我望着孤独躺在书包里的球拍，就是没有勇气重新拾起。班里的小伙伴们问起我为何不去校队打球时，我只是苦笑着摇摇头或是随便找一个借口搪塞过去。妈妈告诉我不用害怕，你不是故意的，事情都解决好了，老师也没有批评我，受伤的女同学还想与我成为朋友。可是深深的内疚感、自尊心和害怕再次犯错的畏惧感，好似一堵无形的墙，让我一次次拿起球拍又放下，抬起脚又落下。我感到左右为难，不知道该怎么办。

一日雨后，我如往常一样，站在操场上等待放学的大部队里。我抬起头，水晶蓝的天空挂着一道彩虹。书上说，仰望彩虹，便会收获幸运和成功。我脑中又响起爸爸车上常播放的一首歌曲：不经历风雨，怎能见彩虹……是啊，少年正如一棵刚刚伸腰立枝的小树，若经不起暴风雨的洗礼与考验，若从此垂头丧气不再仰头沐浴阳光，又怎能成长为顶天立地的栋梁之材？

我终于豁然开朗，从书包中翻出乒乓球拍，紧紧握在手中，一路小跑来到球馆。教练正在点名，"杨一兰！""到！"我看到教练眼中投来欣慰的目光，看到队友们脸上浮现出欣喜的表情，我庆幸自己做出了正确的选择，选择迎向那道激励自己茁壮成长的阳光。

我能行

河南省第二实验中学小学部　靳京桥

我曾是个胖小孩儿，脸圆，腿粗，爸妈为此头疼不已。爸爸说："我是体育老师，怎能让我的孩子胖成这样呢？必须要让他锻炼。"于是，爸爸和我一起制订了"管住嘴，迈开腿"的减肥计划。爸爸还为我报了一个篮球训练班，每天需要进行两个小时以上的训练。

记得第一次篮球课，教练先教我们运球，但我总是控制不好。篮球就像一个顽皮的孩子，你让它往东，它偏要往西，这让我焦头烂额，不知如何是好，不一会儿就气喘吁吁了。到了最后，我有点儿沉不住气了，想要放弃，

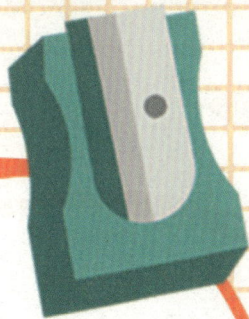

想着以前别人的冷嘲热讽，我咬牙坚持着，心中总有一个声音在呐喊："不放弃，我能行！"汗水浸湿了我的衣服，凉风呼呼地吹着，吹凉了我的身躯，却吹不灭我那颗燃烧的心！后来教练告诉我："运球时尽量保持两脚前后自然开立，两膝微屈，上体稍前倾，头抬起，眼睛平视。不运球时，手臂屈肘平抬，用以保护球；运球时，手臂放松，五指自然张开，用手指和指根以上部位及手掌的外缘触球，掌心不触球。"我努力控制自己，严格按照教练的要求去做好每一个动作，球在我手里就像有了灵魂，开始听我的话了。

　　还剩 15 分钟，14 分钟，13 分钟，12 分钟……终于下课了，我整个身体好像快要沸腾了，热得难受，双腿像灌了铅似的抬不起来，走也走不动。虽然我的身体感到十分疲惫，心里却感觉十分清爽。

后来的一段时间，我慢慢适应了严格的饮食、作息习惯以及高强度的训练，一个暑假我成功减掉了20斤，摘掉了"小胖子"的帽子。

如今，我已经坚持运动锻炼两年多了，不仅磨炼了意志，也变得更加自信和阳光。

塑造自己，也许过程很痛苦，但最终你能收获一个更好的自己。"不放弃，我能行！"这句话始终在我心中回荡……

（指导教师：许智彩）

15 我发现了一个错误

　　学习能力中有一项特别重要的能力就是质疑。质疑能力是一个人最宝贵的能力之一，质疑不仅可以拓宽看问题的角度，还会激发人的创新能力，并使人拥有深度思考的能力，产生批判精神。对于孩子来说，教师和家长的作用不容小觑，教师和家长给予孩子鼓励，孩子就敢于质疑；教师和家长努力营造民主、自由的学习、生活氛围，孩子就乐于质疑。比如质疑书本、质疑老师，甚至是行业权威……当你发现了一个错误，你敢于质疑吗？

我指出了老师的错误

江苏省如皋市九华镇营防小学　薛文善

　　记得那次语文课上，老师叫我朗读文言文。我读完后，老师说我把"盛"字读错了。咦？昨天晚上我预习的时候，字典上写的是"shèng"啊，老师怎么说是"chéng"呢，是我记错了？还是老师讲错了？我疑惑不解地坐下了。

　　不行，我得提出来。我正想举手，可不知道为什么，我刚伸出的手又悄悄地放下了。老师应该不会错的吧，再说，如果我现在举手说的话，老师会不会生气，责怪我不遵守课堂纪律？不行，

不行，还是算了吧。我心不在焉地听着课，听着听着，心里又有一个声音在提醒我："如果你不说的话，那全班同学不就记住了一个错误读音吗？"

怎么办？怎么办？这时，丁零零……下课铃响了。我还是跑到老师跟前说出了我的想法。老师听了，愣了一下，说："哦，好的，我现在就去查一下。"

没过多久，老师笑容满面地走了过来，摸着我的头，赞许道："刚才我把'盛'字读错了，应该读'shèng'，谢谢你指出了老师的错误。"大家都向我投来羡慕的目光，我心里别提多高兴了！

（指导教师：吕小玲）

学生佳作

小问号

河北省容城县容城小学　袁隆铄

　　同学们，你们还记得法布尔吗？他不明白蜜蜂为什么总能飞回原处，于是，他仔细观察，认真思考，最终用实验解开了自己心中的疑惑。人们常说"学贵有疑"，我也想像法布尔一样，善于提问。

　　一天的语文课上，老师让我们对《童年的水墨画》这篇课文进行反复诵读，并将自己不明白的地方找出来与大家讨论。我想：这回我可以当一次语文课上的"法布尔"了，我要好好抓住这个机会。我认认真真地读了好几遍课文，鼓起勇气向老师提出了一个问

题："老师，为什么这首诗只在每行的末尾有标点符号，而需要断句的地方却没有呢？"老师回答道："《童年的水墨画》是一首儿童诗，在现代诗歌中，一般以行来划分，行中需要标点时可以用，也可以不用……"听完后我恍然大悟，原来是这样啊！

从此以后，每次读书的时候，我的脑子里都会萌生各种各样的小问号。有时我会向老师、同学请教，有时就自己查资料，我的学习兴趣大大提升。提问让我更加热爱学习。

老师，您讲错了

河北省石家庄市合作路小学　张瑞涵

前几天，有很多学校的老师来我们班听宋老师的语文课。老师声情并茂地给我们朗诵着《白鹅》。同学们都坐得笔直，聚精会神地听着。

我发现宋老师的读音有个错误。我想我必须马上告诉老师，于是把手举得高高的。老师看我十分踊跃的样子，好奇地问："瑞涵，你有什么想法？说说看。"我大声说："宋老师，'呵斥'的'呵'应该是一声

而不是四声！"

我的话一出口，安静的课堂瞬间有了很多声音，同学们在窃窃私语，我身后的小荷同学使劲拉了拉我的衣角，示意我赶快坐下。我突然感到有些尴尬，老师走过来，拍了拍我的肩膀，环顾班级说："大家是不是对这个词的读音也有疑问呢？我们一起来查一查吧！"

大家纷纷拿出字典，"哇，是瑞涵对了！"同学们的目光移向老师，只见老师满面笑容地对我说："多谢瑞涵及时指出我的错误，相信这个词语的读音给大家留下了很深的印象，我们以后就不会再读错它了。大家要多向瑞涵学习，善于发现问题，敢于指出问题。"

我感到很自豪，同时更加敬佩宋老师了。

（指导教师：李　璇）

16 我想对你说声感谢

　　说起感恩，你会想到些什么？心里有没有涌起暖流？父母、老师、同学、帮助过你的陌生人、动植物……天地万物都可以是我们感恩的对象。我们可以给父母写一封家书；我们可以为师友做件事；我们还可以更加爱惜小动物，亲近大自然。让我们努力学会感恩——心中有爱，眼中有光。

学生佳作

写给妈妈的信

江苏省南通市海门区新教育小学　张跃耀

亲爱的妈妈：

　　您好！

　　这是我第一次给您写信，时光荏苒，我已从一个牙牙学语的婴孩儿长成了小伙子。这十年来，感谢您的照顾与陪伴。

　　妈妈，您辛苦了！每天您都起早贪黑地忙碌着。天还没亮，您就起床为我和妹妹准备早餐，送我们去学校，然后再马不停蹄地赶往工作地点。近几年，您头发里又多了许多银丝，面容也憔悴了不少。可您从来不在我们面前喊苦喊累。妈妈，我从小体弱多病，您没少为我费心。记得上个月，我发热咳嗽，晚上您拖着疲惫的身躯回来，发现我不对劲，便马上带我去医院，在医院里守护了我一个晚上。第二天我醒来，看到您的眼睛都熬出红血丝了，我特别难过。

妈妈，您不仅在生活中关心我，在学习上也给予我很大帮助。以前我只满足于完成作业，现在我下决心更加努力，不辜负妈妈的期望。妈妈，谢谢您为这个家付出的一切。

祝

永远开心快乐！

张跃耀

2022 年 10 月 4 日

（指导教师：张金丹）

学生佳作

感谢有您

湖南省长沙市清水塘北辰实验小学　肖羽凌

　　每当我打开课外书，拿起笔，就会想起我的语文老师——杨老师。

　　杨老师第一次带我打开课外书的场景至今历历在目。那是一年级刚开学的一个周六下午，杨老师让我和六位同学组成星空阅读小组，开启阅读之旅。在杨老师的阅读课上，我既有找到好词好句的兴奋，又有理解写作意图的快乐，由此，我喜欢上了课外阅读。现在一到中午，我就喜欢泡在学校的图书馆里，漫步在书的世界，那里有天马行空的想象，有大开眼界的兴奋，还有开怀大笑的瞬间。

至今，我还记得杨老师教我提笔写字时的样子。那是上学后的第一节语文课，我还不太会写自己的名字，杨老师握着我的手一笔一画地写，还细心地指导我如何把字写得更漂亮。从此我对书法产生了兴趣，周末跟随专业老师学习，一直坚持不懈地练习，现在，我的书法在学校里小有名气。

是的，只要打开课外书，拿起笔，我的脑海里就会闪现杨老师的身影。谢谢杨老师，引领我进入阅读和书法的世界。

（指导教师：吴 思）

学生佳作

感恩帮助我的人

浙江省瑞安市实验小学　丁紫凡

　　记得去年暑假，我与小姨、弟弟一起去上海旅行。当时我与弟弟从网上看到有一个"蹦床公园"，那里面有特别好玩儿的游乐项目，我们迅速锁定目标，决定去那里游玩。

　　我们按照路线图，从酒店来到电车站，坐上电车，出发！谁知，我们竟坐错了方向，只能坐回原站，重新出发。

　　经过长时间奔波，电车终于到站了，我们汗流浃背，心里很焦急。好不容易离目标近了，我们却找不到具体地点，这时，迎面走来一位叔叔，我们挥舞着双手问道："叔叔，您好！请问附近有没有一个'蹦床公园'？""有，直走左拐，马上就到了！""谢谢您。"

经过叔叔的指引，我们顺利到达了"蹦床公园"。

生活中，要学会感恩。有时，别人一个微小的举动，就会让我们心中涌起一股"暖流"。

（指导教师：徐婷婷）

学生佳作

淡雅青竹，留韵传芳

浙江省永嘉县东方外国语学校　胡诚轩

苏轼有言："何夜无月？何处无竹柏？但少闲人如吾两人者耳。"古人视青竹为花中君子，常以青竹为荣，以青竹自喻，竹林七贤更视青竹为知己和精神支柱。

我也喜欢青竹，我家院子里就有一丛，那是爷爷亲手种的。笔直的枝干，绿色的叶子，这丛青竹从小陪伴我长大。

小时候的夏夜，爷爷经常坐在竹丛旁的椅子上给我讲故事；长大后，我常常坐在竹丛旁的椅子上想难题。

　　遇到困难时，孤独伤心时，我都喜欢默默看着它。它竭尽全力向着阳光生长，哪怕风雪压境而来，它也不会放弃希望，扎牢自己的根基，迎难而上。无论春夏秋冬，无论风霜雨雪。我慢慢明白，为什么从古至今有那么多文人雅士以青竹自勉。

　　我家院子里的青竹，你告诉了我什么是坚贞，什么是谦卑，什么是希望。

　　感谢你，青竹。

（指导教师：周飞飞）

17 我真正学会了吃饭

吃饭谁不会？为什么还要学？吃饭看似简单，其实里面的学问可不小，它体现了一个人的修养、习惯和文明礼仪。请从自己的生活入手，通过具体事例、细节，写一写自己在吃饭这件事上发生的故事以及对自己产生的影响。

吃饭端碗

安徽省太湖县新城小学　甘筱蕾

　　元宵节去外婆家吃饭，外婆烧了我最爱吃的腊肉炒竹笋。金黄的腊肉香气四溢，又有嚼劲，雪白的竹笋又嫩又脆，鲜味十足，我美滋滋地享受着。

　　"甘筱蕾！"正当我吃得忘乎所以时，突然听见外公严厉地喊着我的名字。我吓得不知所措，张着嘴，眼睛一动不动地盯着外公。发生了什么事情呢？一向疼爱我的外公突然变得这么凶，我流下了委屈的泪水。

　　看到我一副失魂落魄的样子，外公的态度温和了许多，轻轻说："吃饭要端碗哪！"

　　说着，向我扬了扬端碗的左手，又语重心长地说："吃饭端碗是一个人最基本的生活礼节。"

　　我回过神学着外公的样子端起了碗。我大拇指扣着碗口沿，无名指和小拇指抵着碗底沿，食指和中指按着碗身。看着我认认真真端着碗，一家人都露出赞许的微笑。

　　端着碗吃饭，我心里更踏实，吃起腊肉和竹笋，也更有味道。从此，我再也没有撒着手吃过饭。

（指导教师：孟宪策）

吃饭体现礼仪和修养

河南省新密市东大街小学　武思宇

在我的家里，第一碗饭一定是盛给爷爷的。小时候我不懂这个道理，妈妈喊吃饭的时候，我总是抢着要吃那第一碗饭。妈妈耐心地给我讲道理："家里第一碗饭要给长辈，这体现了对长辈的尊敬。"

记得有一次，爸爸邀请朋友来家里吃饭。当菜上桌的时候，我和弟弟马上把筷子伸到盘子里。爸爸看到后，马上瞪了我们一眼，接到信号的我们立刻把筷子放下了。

后来，爸爸告诉我们：在聚会或宴请客人时，也要让

长辈和客人先动筷子。另外，吃饭时不可以狼吞虎咽，发出很大声响，更不能用筷子在盘子里翻来翻去，这些都是吃饭的礼节。在一次次吃饭"演习"中，在爸爸妈妈的影响下，我终于学会了吃饭。

吃饭不是简单的吃饱就行，它体现的是一个人的礼仪和修养，我们一定要从平时每一顿饭中学习餐桌礼仪，养成文明用餐的好习惯。

（指导教师：赵会延）

吃饭伴我成长

河南省新密市东大街小学　申子涵

　　妈妈告诉我，我两三岁的时候，吃起饭来总是东跑西颠的，一点儿也不专心，还总是掉饭粒，吃一顿饭掉一地饭粒，而且吃得满脸都是，脏兮兮的，像一只小花猫。妈妈经常笑着说："你掉的饭粒可以养活一只小鸡了。"

　　我四五岁时，妈妈说："你不能只用勺子吃饭了，该学习用筷子了。"我第一次用筷子时，一把攥住筷了，在碗里杵着吃，那副样了就像电视剧《西游记》里的孙悟空吃面条，既滑稽又可笑。

妈妈告诉我，不要灰心，慢慢来，并且不厌其烦地教我。一遍一遍练习后，我终于学会了用筷子吃饭。

上小学之前，我特别挑食，不吃这不吃那，经常浪费食物。妈妈告诉我，农民伯伯们辛苦地把粮食的种子播种到泥土里，经过一年辛勤劳作，才收获到粮食，我们不能浪费，要懂得珍惜。

如今，我上四年级了，终于可以安安稳稳坐在餐桌前，和爸爸妈妈一起用筷子享用每一顿可口的饭菜，不挑食，不浪费。我很感谢妈妈在我小时候耐心地教导我，让我养成了良好的用餐习惯，我相信等我有了下一代，也会一点点教会他们认真吃好每一顿饭。

（指导教师：赵会延）

一张照片的故事

河北省张家口市东风小学　宋嘉熙

　　在姑姑的婚礼上，我的摄影师舅舅竟然拍下了我狼狈不堪的一幕：我左手拿着一只让人垂涎三尺的鸡腿，右手攥着一根香味扑鼻的香肠，目不转睛地盯着刚上桌的红烧肉。唉，这个舅舅，不去拍新娘，偏要拍我。

　　不过就是这张照片，让我对自己有了清醒的认识，并做出了改变。

　　因为迷恋肉食，短短几个月，我的体重从 68 斤飙升到 104 斤！我变得越来越懒，一动就喘气，还经

常犯困。必须要改变了，我制订了一系列的减肥计划：荤素搭配，细嚼慢咽，加强运动。一个学期下来，我又恢复了之前的身轻如燕，做事有精神了，妈妈也不再叨叨我。

舅舅拍的那张照片，一直贴在我的书桌前，每当我坚持不下来的时候，就抬头看看它。如今，参加亲人、朋友们的聚餐，大家都夸我坐有坐相，站有站相，吃饭斯文有礼。

吃饭这件事，真的不简单，它蕴含着节制、教养和礼仪。

（指导教师：王慧芳）

18 小值日，大学问

今天你值日了吗？我们的教室、操场因为有了值日生的辛苦付出，每一天都干净、整洁。小小的值日，让同学们学会了做事情要有规划，懂得了责任、互助、友谊与奉献。值日，种下的是劳动的种子，结出的是成长的果实。同学们，你们在做值日的过程中有什么趣事、动人事吗？写下来和大家分享吧。

小值日，大学问

福建省南安市康美中心小学　侯景妙

　　记得一年级刚入学不久，我参加了第一次值日，在做值日之前，老师先站在讲台上给大家分配打扫任务。

　　老师安排完毕后，开始做一些扫地的示范动作，并跟我们讲解每个动作的要领，包括如何把垃圾扫进簸箕里，老师不断重复着这个动作，那一刻，教室里安静极了，大家都被老师的扫地技术所折服。

　　在老师的指导下，我们陆续把座位下面和过道处的

131

垃圾都扫到后黑板那里。负责打扫后黑板的小军同学眼疾手快地把那一大堆垃圾都扫进簸箕，再倒进垃圾桶。负责倒垃圾的可艾同学马不停蹄地把那个翠绿色垃圾桶里的垃圾运送到操场上更大的垃圾桶内。晓丽同学和小兰同学也很快摆好了桌椅，关好了窗户。时钟嘀嗒嘀嗒地走着，我们配合默契，干得井然有序，很快，教室里焕然一新。

大家陆续把扫把、簸箕和垃圾桶回归原位，最后，老师做了总结讲话，给了我们大大的肯定，同时提出了需要改进的地方。

现在我们已经三年级了，想起老师曾经的指导，还是感触很深：做值日这件事也需要规划，需要大家协作配合。小值日，大学问。

（指导教师：侯小婷）

学生佳作

快乐的值日

山东省高密市东关小学　王　劲

今天是每周一次的卫生扫除日。老师给大家布置了扫除任务：一组负责擦黑板，二、三组扫地，四、五组抹桌子……

我们收到任务，立刻拿出自己需要的工具，挽起袖子，准备来一场轰轰烈烈的"歼敌"行动，消灭教室里的"脏乱差"。

一开始，同学们都安静地打扫，但是后来，趁老师不注意，大家开启了别具一格的值日模式。扫地的同学边扫边唱，擦桌子的同学扭起了自编的舞蹈，擦黑板的同学自由挥洒，仿佛在创作山水画，值日的气氛逐渐热闹起来！

这时，"小灵通"浩翔透过玻璃，看到正从办公室缓缓走来的老师，立马尖声叫道："一级准备！班主任在五分钟后到达现场。"瞬间，同学们各就各位，纷纷使出"打扫秘籍"，准备来一个完美的收尾：扫地的同学用坏掉的尺子刮桌椅下面的土垢，擦桌子的同学用酒精湿巾再擦一遍桌子，擦黑板的同学用两块抹布一起擦。瞧，地面、桌面、黑板变得亮晶晶的，教室变得好干净啊！

看到干干净净的教室，老师笑了。哈哈，这次值日真快乐呀！

值日那件事

河北省石家庄市兴华小学　王梓茗

　　丁零零，放学了，同学们陆续离开了教室，只留下值日生小明、小美和小光了。

　　小明负责擦玻璃，小美负责拖地，小光负责摆桌椅，他们分工明确，各自干着各自的工作。小美发现一张桌子底下有灰尘，便过去拖了拖，却把小光刚摆好的桌椅给碰歪了。小光看到刚摆好的桌子又歪了，生气地说："小美，你怎么能把我刚摆好的桌椅碰歪呢！"小美也气呼呼地说："桌椅底下有灰尘，我要打扫干净，桌椅我不负责。"

小明正擦着玻璃，听见两人争吵，急忙跑过来了解情况。小美就把事情的经过告诉了小明。只见小明把抹布放到一旁，说："我们是一个组的，要团结协作，不管教室哪里出了问题，我们三个人都要共同去面对。小美和小光你们一起拖地，地面晾干了以后你们再一起摆桌椅。我擦完玻璃就来帮你们。"小美和小光异口同声地答应了。

在他们的共同努力之下，教室被打扫得干净整洁。他们边笑边想：明天老师和同学们一定也会很开心的。

（指导教师：位红霞）

做值日，得"大奖"

浙江省杭州市育才登云小学　姚若萱

做值日也能得"大奖"？快看一看这份大奖是什么吧！

"大家背好书包，领奖了！"值日组长高声喊道。听到这句吆喝，你一定会感到诧异：居然有这么好的事情？做完值日还有奖励？

是的，"大奖"已经躺在教室门口等候多时了。我和潘潘飞快地冲过去一人拎住"大奖"的一头。"别急，"组长小玥说，"人人有份！"

瞧见我们手里这个黑乎乎的大袋子你也许会说：

这算什么大奖，不过是一袋垃圾嘛！在我们看来倒垃圾就是一种奖励！你瞧，从教学楼到操场另一头的"垃圾房"，这一路有漂亮的连廊、美丽的花坛、如茵的草地，运气好的话还能看到体训队同学在夕阳下挥汗如雨的训练场面！倒垃圾这么好玩儿，人人都想倒垃圾。所以我们小组有了个不成文的规定：打扫完教室，奖励四个人一起倒垃圾！我们紧紧拽住垃圾袋口，小碎步前行，谁也不敢将手一松或用力过猛。我们一边沉浸在这份小心翼翼的默契中，一边享受着微风拂面，欣赏着西边微微泛红的天空，像蚂蚁运粮一样齐心协力将垃圾运至目的地。有了倒垃圾这份"大奖"，值日也成了一种享受呢！

19 坚持的你最棒

  一万小时定律是作家格拉德威尔在《异类》一书中指出的定律。人们眼中的天才之所以卓越非凡，并非天资超人，而是付出了持续不断的努力。一万小时的锤炼是任何人从平凡变得卓越的必要条件。他将此称为"一万小时定律"。

  要成为你想成为的人，就必须走上坚持这条路。不论你坚持什么，只要是朝着梦想的方向前进，你离目标就会越来越近。

为梦想而坚持

山西省长治市东关小学　赵心仪

　　在光影灼灼的表演大厅里，一位妈妈正在寻找她的女儿，她把目光慢慢地移到了舞台的正中央，"看！那个在灯光下翩翩起舞的小女孩儿，就是我的女儿！"她幸福地和旁边的人们说着。

　　我就是那个站在舞台中央的小女孩儿！

　　刚开始学跳舞的时候，我看着别的姐姐在灯光下优美地跳舞，别提多羡慕了。仙气十足的纱裙上缀满亮片，在灯光下熠熠发光，真美呀！妈妈看着怔怔的我问道："你想和那个姐姐一起跳吗？""当然！"我爽快地应答。

"快去吧！"妈妈把我送进了舞蹈室。就这样，我与舞蹈结缘啦！

当我第一次练习胸倒立时，只能控不到半秒钟，老师每次都会对我说："加油，你一定可以的！"伴着老师殷殷的期盼，后来，我可以控上两秒了，我开心地在床上蹦来蹦去。经过大量练习，再后来，我奇迹般地控了五秒，我大喊着："我成功了，我成功了！我控了五秒！"回到家，我把这个消息告诉爸爸，爸爸欣慰地说："只要坚持，你一定能行！"

然而跳舞并非坦途。舞蹈动作的练习存在一定风险，在家里练习时，妈妈总是叮嘱我小心，不要伤了腰。有一次我真的受伤了，妈妈赶紧对我受伤的部位进行冷敷，之后又拿出红花油为我擦拭。好疼啊！我的腰似被烈火灼烧！尽管如此，我依然坚持每天练习一些可以做的动作，我用心守护着自己热爱的舞蹈。

我想对大家说，如果你能坚持一件事，一定会有很大的收获。

（指导教师：石　彦）

读书的坚持

河北省石家庄市东风国际学校　郭文煊

　　我从识字起，一直坚持做一件事情——读书。

　　每天的午休时间、晚托时间、睡前时间，都是我读书的好时机。每当这时，我就忘记了一切烦恼，时间仿佛在这一刻停止，我的心里只有我正在读的这一本书，这是一种无法形容的满足。

　　我读的书大抵有三类，科普类、历史类、童话类。我能在科普类图书中看到神秘的宇宙、神奇的大自然；在历史类图书中博古通今，感受历史长河奔流不息；在童话书中放飞想象的思绪……总之，书籍给我带来了生命的感悟，当我每天拿起它们，就不舍得放下。

唐代诗人杜甫曾说过"读书破万卷，下笔如有神"，荀子曾说过"不积跬步，无以至千里，不积小流，无以成江海"。老师也曾告诉我们：每天坚持做一件事，哪怕事很小，但是积少成多，也会做出一番成绩。读书开拓了我的眼界，增长了我的知识，提高了我的写作能力，也帮我养成了良好的品格。

我想，这就是坚持的意义吧，也许在未来某一天，我会感谢自己对读书的坚持。

绘画教会了我坚持

河北省石家庄市东风西路小学　顾家明

　　上幼儿园的时候，我就对色彩感兴趣，感觉五颜六色的水彩笔相互协作创造出美丽的画卷很神奇。于是我爱上了绘画，那时的我天马行空随意画就能得到老师的表扬，这种良好的感觉一直保持到了小学二年级。二年级后，我开始画动漫人物，这个时候问题来了，两个小时我竟然没完成一幅作品，原因很简单，我把控不好动漫人物的身体比例，光人物的头我画了擦、擦了又画，不知道画破了几

张画纸。我非常沮丧，感觉绘画抛弃了我，不争气的眼泪瞬间夺眶而出，耳边似乎总有一种声音劝我放弃。就在这时，老师耐心地指导我，教我深呼吸，让我擦干眼泪重新拿起笔。老师细心地又讲解了一遍定位占比，这一次我豁然开朗，笔也听话了，用了不到一节课的时间就完成了第一幅作品《海贼王——路飞》。

现在我能拿得出手的作品有十几幅了，都贴在了画院的展示墙上。每次看到这些作品我都会想到一路走来自己的坚持，是坚持让我收获了坚韧不拔的性格。

学生佳作

贵在坚持

湖北省武汉市外国语学校美加分校　黄梓熙

　　这个夏天，我做了一个大胆的决定——晨跑。我想：如果晨跑能坚持住，我赖床的毛病也就"自愈"了。

　　坚持晨跑了几天后，我就开始打退堂鼓了。这一天，我刚出发就不小心摔了一跤，就此放弃的想法，顿时强烈起来。

　　回家后，妈妈看到我垂头丧气的样子，再次给我讲起了"只要功夫深，铁杵磨成针"的故事。一位年迈的老奶奶都能做到持之以恒，我为什么就不行呢？

第二天，我又全力以赴地跑起来。以前我没注意过沿途的风景，现在，我发现路两旁的大树枝繁叶茂，小鸟在欢快地歌唱……这样的美景，让我的心情也舒畅起来。

后来，我每天起得越来越早，跑步的劲头越来越足。渐渐地我摘掉了起床"困难户"的帽子。我为我自己感到骄傲！

（指导教师：路　勇）

20 交到一个新朋友

　　朋友是相互鼓励，朋友是相互喜欢，朋友是相互欣赏……生活中，我们总是在寻觅那个好朋友，这位好朋友可以是身边的人，可以是你的兴趣爱好，也可以是小动物……他和她或者它，仿佛住进了我们的心里，时刻陪伴我们前行。最近你又交到新朋友了吗？快和大家讲讲你们之间的喜怒哀乐吧。

我交到了一位新朋友

黑龙江省哈尔滨市美佳外国语学校小学部　兰舒然

　　新学期开始了，又走进了熟悉的校园，同学们除了都长高了一点儿外，其他仿佛什么都没变，不过我在班级捕捉到了一个新面孔。一副粉色的眼镜架在她小巧的鼻子上，头发不长不短，一双炯炯有神的大眼睛格外吸引人，长长的睫毛忽闪忽闪地好像小刷子一样俏皮。她的嘴巴小小的，小得好像只能吃下一颗樱桃。

　　新来的这位同学叫曲慕，曲这个姓很少见，和我

的姓一样少见，就这样我们两个有了第一个共同点。第二个共同点估计你们都想不到——我俩是同年同月同日生！第三个共同点，我们都性格开朗，乐于助人，属于"女汉子"的类型。还有，我们都喜欢运动，每天在操场上都能看到我们的身影，跑哇跳哇，太开心了！我们一起聊天儿，一起玩耍，一起……和她在一起我的快乐指数直线上升。

很高兴我们这个大家庭又多了一位新成员，更高兴我又多了一位新朋友。

（指导教师：王 艳）

学生佳作

战斗鸽

浙江师范大学附属育英学校　竺俊舟

今年，我家迎来了一位新朋友——战斗鸽。

战斗鸽可威风了，灰色的身子，粗壮的脖子，小小的脑袋上有一双黑亮的小眼睛，那威猛的眼神，让其他鸽子都不敢与它对视。一双利爪，更让邻居家的小动物碰到它都绕路走。

那天，战斗鸽在小区"散步"，遇到了几只流浪狗。流浪狗把战斗鸽当成了自己的"猎物"，做出了攻击它的准备。我从楼上望去，发现每只流浪狗都凶神恶煞，便赶紧唤它上来。可它自尊心强，非要让流浪狗见识见识它的厉害。

狗"首领"先发起攻击，向前猛一咬，这要咬准了，恐怕战斗鸽的脖子都会断。但所谓"兵来将挡，水来土掩"，战斗鸽一个帅气的侧身闪躲，同时，又用爪子在狗头上一抓，狗"首领"便受伤了。其他狗东咬西跑，战斗鸽在狗中间左突右闪。它一会儿用尖喙啄，一会儿用利爪抓，一会儿拿翅膀扇，把狗急得团团转，最终战斗鸽获得了胜利。

这就是我的战斗鸽，你们喜欢它吗？

（指导教师：李申申）

我交到一位新朋友

江苏省苏州工业园区翰林小学　宋馨恬

最近，我交到了一位新朋友——竖笛。

竖笛起源于意大利，其音色如小鸟的叫声一样甜美，如猫咪的叫声一样温柔，它是欧洲重要的管乐器，也是巴洛克时代的标准独奏乐器。

竖笛有六孔和八孔的，故有"六孔竖笛"和"八孔竖笛"之分，它们的音高和吹奏指法都不太一样。

你可能还不知道为什么竖笛是我的好朋友吧？我爸爸是一位竖笛爱好者，通过几年的自学，现在可以轻松地吹奏各种各样的曲子。耳濡目染下，我也对竖笛有了一定的了解，还跟着爸爸学了两个小妙招儿——腹式呼吸、有节奏地吹颤音。学了这两招儿后，我在音乐课上大展身手，经常受到老师的表扬。日常我会时不时地吹一吹小曲儿，心情好的时候，我会吹一首《千与千寻》，让自己更快乐；心情不好的时候，我会吹一首《天空之城》，让自己放松一些。

今天的作业都写完了，练竖笛去喽！

（指导教师：张鹏珍）